FÜR DIE WUNDERBARSTEN UND GROSSARTIGSTEN KINDER DER WELT

Geschichten voller Mut, Freundschaft und Fantasie

Inhaltsverzeichnen

The most wonderful and amazing in the amazing

Einleitung

Liebe Kinder und liebe Eltern,

herzlich willkommen in diesem besonderen Buch, das für die wunderbarsten und großartigsten Kinder der Welt geschrieben wurde – für euch! Wir freuen uns, dass ihr uns auf dieser spannenden Reise begleiten möchtet.

In diesem Buch erwarten euch zauberhafte Geschichten über Mut, Freundschaft, Neugier, Respekt, Kreativität, Verantwortung, Ausdauer, Dankbarkeit und Gemeinschaft. Jede Geschichte bringt euch nicht nur zum Staunen und Lachen, sondern zeigt auch, wie ihr selbst zu kleinen Helden im Alltag werden könnt.

Unsere Welt ist voller Wunder und Möglichkeiten, und jedes Kind trägt die Fähigkeit in sich, Großartiges zu bewirken. Durch die Abenteuer und Erlebnisse unserer Charaktere möchten wir euch inspirieren, eure eigenen Stärken zu entdecken und mit offenen

Augen und einem großen Herzen durch das Leben zu gehen.

Also macht es euch gemütlich, öffnet eure Herzen und lasst uns gemeinsam in die Welt der wunderbaren Geschichten eintauchen. Lasst euch verzaubern und ermutigen, denn ihr seid die Helden dieser Geschichten!

Viel Freude beim Lesen und Entdecken!

Kapitel 1: Mut und Abenteuer

Die Geschichte von Leo, der mutige Löwe

Es war einmal in einem weiten und sonnigen Land namens Savannia, wo die Tiere in Harmonie lebten und jeder Tag ein neues Abenteuer bereithielt. Inmitten dieser friedlichen Landschaft lebte Leo, ein junger Löwe mit einem Herzen voller Träume und einem Mut, der nur darauf wartete, entdeckt zu werden.

Leo war nicht wie die anderen Löwen in seinem Rudel. Während seine Geschwister stundenlang unter den schattigen Bäumen dösten oder ihre Kräfte bei spielerischen Kämpfen maßen, liebte Leo es, durch die Savanne zu streifen und die Geheimnisse seiner Umgebung zu erforschen. Doch tief in seinem Herzen fühlte er oft eine leise Stimme, die ihm sagte, dass er nicht mutig genug sei.

Eines Tages, als die Sonne hoch am Himmel stand und die Hitze die Luft flimmern ließ, hörte Leo von einem alten Elefanten namens Balu eine Geschichte, die sein Leben verändern sollte. Balu erzählte von einem mystischen Ort tief im Herzen der Savanne, einem Ort namens "Mutige Ebene", wo nur die mutigsten Tiere Zutritt hatten und ihre wahre Stärke fanden.

„Leo", sagte Balu mit seiner tiefen, weisen Stimme, „du hast das Herz eines Helden. Ich glaube, du könntest es schaffen, die Mutige Ebene zu erreichen. Aber der Weg dorthin ist gefährlich und voller Herausforderungen."

Leos Augen leuchteten auf. „Ich werde es versuchen, Balu. Ich möchte zeigen, dass ich den Mut habe, diesen Ort zu finden."

Am nächsten Morgen, als der Himmel in den schönsten Farben des Sonnenaufgangs erstrahlte, machte sich Leo auf den Weg. Er verabschiedete sich von seiner Familie und versprach, bald zurückzukehren. Mit jedem Schritt, den er machte, spürte er eine Mischung aus Angst und Aufregung in sich aufsteigen.

Der erste Abschnitt seiner Reise führte ihn durch dichte Wälder, wo die Bäume so hoch waren, dass sie den Himmel verdeckten. Der Boden war bedeckt mit weichem Moos, und die Luft war erfüllt von den Geräuschen unbekannter Kreaturen. Leo bewegte sich vorsichtig und lauschte aufmerksam, um keine Gefahr zu übersehen.

Plötzlich hörte er ein Rascheln im Gebüsch. Sein Herz schlug schneller, und er bereitete sich auf das Schlimmste vor. Doch zu seiner Überraschung sprang ein kleines, scheues Kaninchen heraus. Es sah Leo mit großen Augen an und flüsterte: „Bitte tu mir nichts. Ich habe mich verirrt und finde den Weg nach Hause nicht mehr."

Leo kniete sich hin und lächelte beruhigend. „Keine Sorge, kleiner Freund. Ich werde dir helfen, dein Zuhause zu finden." Gemeinsam machten sie sich auf den Weg, und Leo spürte, wie sein Mut wuchs, als er dem Kaninchen half. Schließlich fanden sie das Zuhause des Kaninchens, und es bedankte sich herzlich bei Leo, bevor es in seinem Bau verschwand.

Mit neuem Selbstvertrauen setzte Leo seine Reise fort. Die nächste Herausforderung erwartete ihn an einem reißenden Fluss. Das Wasser tobte und spritzte, und Leo konnte keinen sicheren Weg erkennen, um auf die andere Seite zu gelangen. Er überlegte, ob er zurückkehren sollte, doch dann erinnerte er sich an Balus Worte: „Mut bedeutet nicht, keine Angst zu haben, sondern trotz der Angst weiterzumachen."

Er entdeckte einige große Steine, die aus dem Wasser ragten, und beschloss, einen Sprung zu wagen. Mit einem tiefen Atemzug sprang er von Stein zu Stein, wobei das Wasser unter ihm schäumte und tobte. Es war anstrengend und gefährlich, doch schließlich erreichte er das andere Ufer, und ein Gefühl des Triumphs erfüllte ihn.

Doch die größte Herausforderung stand ihm noch bevor. Die letzte Etappe seiner Reise führte ihn durch die „Dunkle Schlucht", eine tiefe und schmale Schlucht, in der die Sonne kaum durchdrang. Die Wände der Schlucht waren hoch und steil, und ein kalter Wind wehte durch die enge Passage. Leo zögerte, doch dann hörte er eine vertraute Stimme in seinem Kopf: „Du kannst das schaffen, Leo."

Mit festem Schritt betrat er die Schlucht. Die Dunkelheit umhüllte ihn, und er spürte die Kälte bis in seine Knochen. Doch mit jedem Schritt, den er machte, dachte er an die Tiere, denen er begegnet war, und an den Mut, den er bereits gezeigt hatte. Er erinnerte sich an das Kaninchen und den Fluss und wusste, dass er es schaffen konnte.

Plötzlich hörte er ein lautes Brüllen, das die Wände der Schlucht erzittern ließ. Ein riesiger Schatten bewegte sich auf ihn zu, und Leo erkannte, dass es ein wilder Bär war, der sein Revier verteidigte. Der Bär sah furchterregend aus, und Leo spürte, wie die Angst in ihm aufstieg. Doch er wusste, dass er jetzt mutig sein musste.

„Ich habe keine Angst vor dir!" rief Leo mit fester Stimme, obwohl sein Herz rasend schlug. „Ich bin auf dem Weg zur Mutigen Ebene, und nichts wird mich aufhalten."

Der Bär hielt inne und musterte Leo aufmerksam. Es schien, als würde er die Entschlossenheit in Leos Augen erkennen. Nach einem Moment der Stille brummte der Bär: „Du bist wirklich mutig, kleiner Löwe. Geh weiter, und möge dein Mut dich leiten."

Mit diesen Worten trat der Bär zur Seite und ließ Leo passieren. Leo fühlte eine Welle der Erleichterung und des Stolzes, als er die Dunkle Schlucht hinter sich ließ. Vor ihm erstreckte sich die weite, offene Landschaft der Mutigen Ebene. Das Gras war grün und saftig, und die Luft war erfüllt von einem Gefühl der Freiheit und des Abenteuers.

Leo hatte es geschafft. Er hatte die Mutige Ebene erreicht und bewiesen, dass er den Mut hatte, sich seinen Ängsten zu stellen und über sich hinauszuwachsen. Er verbrachte einige Zeit auf der Mutigen Ebene, traf andere Tiere, die ebenfalls ihre eigenen Herausforderungen gemeistert hatten, und lernte viel über sich selbst und die Bedeutung von wahrem Mut.

Als Leo schließlich in seine Heimat zurückkehrte, wurde er von seiner Familie und seinen Freunden mit offenen Armen empfangen. Er erzählte ihnen von seinen Abenteuern und den Lektionen, die er gelernt hatte. Und von diesem Tag an wusste jeder in Savannia, dass Leo der mutige Löwe war, der den Weg zur Mutigen Ebene gefunden hatte.

Kapitel 2: Freundschaft und Zusammenarbeit

Emma und die Kraft der Freundschaft

In einem malerischen kleinen Dorf namens Freundheim lebte ein fröhliches Mädchen namens Emma. Sie liebte es, Zeit mit ihren Freunden Max, Lina und Tom zu verbringen. Gemeinsam spielten sie, lachten viel und erlebten zahlreiche Abenteuer. Emma glaubte fest daran, dass Freundschaft eine der kostbarsten Gaben im Leben sei.

Eines sonnigen Nachmittags spielten Emma und ihre Freunde auf der großen Wiese hinter dem Dorf. Sie hatten eine wundervolle Zeit zusammen, als plötzlich ein schwerer Sturm über das Dorf zog. Der Sturm brachte starke Winde und heftigen Regen, der großen Schaden anrichtete. Die Brücke, die das Dorf mit dem nahegelegenen Wald verband, wurde von den Wassermassen weggerissen. Ohne die Brücke konnten die Dorfbewohner nicht mehr in den Wald gelangen, der ihnen wichtige Ressourcen wie Holz und Beeren lieferte.

Die Dorfbewohner waren verzweifelt und wussten nicht, was sie tun sollten. Aber Emma und ihre Freunde wussten, dass sie etwas unternehmen mussten, um dem Dorf zu helfen. Sie versammelten sich und besprachen, wie sie die Brücke wiederaufbauen könnten. Obwohl sie wussten, dass es eine schwierige Aufgabe war, fühlten sie sich stark, weil sie zusammen waren.

„Wir können das schaffen, wenn wir alle zusammenarbeiten", sagte Emma ermutigend. Max, der ein geschickter Handwerker war, schlug vor, wie die Brücke gebaut werden könnte. Tom, der stark und ausdauernd war, erklärte sich bereit, das Holz und die Steine zu sammeln, die sie brauchten. Lina, die immer klug und erfinderisch war, überlegte sich, wie sie die Materialien am besten nutzen konnten. Und Emma, die immer voller Mut und Zuversicht war, sorgte dafür, dass alle bei guter Laune blieben und nicht aufgaben.

Die Dorfbewohner beobachteten die Kinder und sahen, wie fleißig sie arbeiteten. Bald begannen immer mehr Menschen, sich dem Projekt anzuschließen. Jeder half, wo er konnte – manche brachten Werkzeuge, andere sammelten zusätzliche Materialien oder unterstützten die Kinder bei der Arbeit.

Durch die Zusammenarbeit und die gegenseitige Unterstützung wuchs die Brücke Tag für Tag weiter. Jeder trug etwas bei, und es war erstaunlich zu sehen, wie schnell die neue Brücke Gestalt annahm. Die Dorfbewohner fühlten sich durch die Freundschaft und den Zusammenhalt der Kinder inspiriert und erkannten, wie viel sie erreichen konnten, wenn sie gemeinsam an einem Ziel arbeiteten.

Nach einigen Wochen harter Arbeit war die Brücke endlich fertig. Die Dorfbewohner jubelten und feierten ihre gemeinsame Leistung. Emma und ihre Freunde sahen sich an und lächelten. Sie wussten, dass sie ohne ihre enge Freundschaft und Zusammenarbeit niemals so weit gekommen wären.

„Wir haben bewiesen, dass Freundschaft und Zusammenarbeit alles überwinden können", sagte Max stolz.

„Ja, gemeinsam sind wir stark", fügte Lina hinzu.

„Und wenn wir zusammenhalten, können wir jede Herausforderung meistern", sagte Tom.

Emma nickte und fügte hinzu: „Das ist die wahre Kraft der Freundschaft."

Von diesem Tag an erinnerten sich Emma, Max, Lina und Tom bei jedem Abenteuer daran, dass sie durch ihre Freundschaft und ihr Vertrauen ineinander alles erreichen konnten. Ihre Geschichte inspirierte die Menschen in Freundheim, die Bedeutung von Freundschaft und Zusammenarbeit zu schätzen und in ihrem eigenen Leben anzuwenden.

Und so lebten sie glücklich und verbunden, bereit, jede Herausforderung gemeinsam zu meistern.

Kapitel 3: Neugier und Entdeckung

Die fantastische Reise von Max und seiner Lupe

Max war ein Junge, der immer voller Fragen steckte. Er wollte alles über die Welt wissen und ließ sich von nichts aufhalten, seine Neugier zu stillen. Eines Tages fand er in der alten Kiste seines Großvaters eine verstaubte, aber gut erhaltene Lupe. Die Lupe war aus glänzendem Messing und hatte ein Griffstück aus poliertem Holz. Max nahm die Lupe in die Hand und fühlte sofort, dass dieses Objekt ihm helfen würde, die Welt auf eine ganz neue Weise zu sehen.

Max beschloss, seine Lupe auf eine Reise mitzunehmen, um die Geheimnisse seiner Umgebung zu erforschen. Eines sonnigen Morgens machte er sich auf den Weg in den nahegelegenen Wald, der für seine Vielfalt an Pflanzen und Tieren bekannt war. Mit der Lupe in der Hand und einem Rucksack voller Proviant startete er sein Abenteuer.

Der Wald begrüßte Max mit einem Konzert von Vogelstimmen und dem Rascheln der Blätter im Wind. Max hielt die Lupe an seine Augen und betrachtete die Dinge aus nächster Nähe. Jedes Detail schien magisch und faszinierend. Er entdeckte winzige Käfer, die unter Blättern krochen, und die zarten Adern in den Blütenblättern der Wildblumen.

Während er so durch den Wald wanderte, stieß Max auf einen alten, hohlen Baumstamm. Neugierig betrachtete er den Stamm durch seine Lupe und entdeckte eine kleine Tür, die in den Stamm eingelassen war. Aufgeregt öffnete er die Tür und fand eine winzige Treppe, die in die Dunkelheit führte. Ohne zu zögern, kroch er hinein.

Die Treppe führte ihn in eine verborgene Welt unter dem Waldboden. Max konnte seinen Augen kaum trauen. Alles war so viel größer als in der Welt über der Erde. Die Wurzeln der Bäume bildeten riesige, gewundene Straßen, und es gab Pflanzen, die im Dunkeln leuchteten. Max fühlte sich wie ein Entdecker in einer neuen, unbekannten Welt.

Plötzlich hörte er ein leises Summen und sah eine Gruppe von Ameisen, die eine riesige Kristallkugel trugen. Max folgte ihnen und beobachtete fasziniert, wie sie die Kugel zu einem riesigen Ameisenhaufen brachten. Er trat näher heran und stellte fest, dass die Ameisen eine ganze unterirdische Stadt errichtet hatten. Es gab Straßen, Häuser und sogar kleine Gärten. Max war beeindruckt von der Organisation und dem Fleiß der Ameisen.

Während er weiter durch die unterirdische Welt wanderte, traf Max auf eine alte Schildkröte namens Turtur. Turtur war der weiseste Bewohner des Untergrunds und wusste alles über die Geheimnisse dieser verborgenen Welt. Max erzählte ihm von seiner Reise und seiner Lupe, und Turtur lächelte weise.

„Deine Neugier hat dich weit gebracht, junger Max",
sagte Turtur. „Doch erinnere dich immer daran, dass
das Wissen, das du erlangst, auch mit Verantwortung
einhergeht. Nutze es weise und teile es mit anderen."

Max nickte eifrig. Er wusste, dass er die Welt mit
seinen Entdeckungen bereichern konnte. Turtur zeigte

ihm noch viele faszinierende Orte im Untergrund, bevor er Max den Weg zurück zur Oberfläche wies.

Als Max den Wald verließ, fühlte er sich verändert. Seine Entdeckungen hatten ihm gezeigt, wie wichtig es ist, die Welt mit neugierigen Augen zu sehen und stets offen für neue Erfahrungen zu sein. Er wusste, dass er mit seiner Lupe noch viele weitere Abenteuer erleben würde.

Zurück im Dorf erzählte Max seinen Freunden von seinen Erlebnissen. Sie lauschten gespannt seinen Geschichten und wollten alles über die unterirdische Stadt und die weisen Worte von Turtur wissen. Max beschloss, eine Entdeckergruppe zu gründen, und gemeinsam machten sie sich auf, die Welt um sie herum zu erforschen.

Mit jedem neuen Abenteuer lernten sie mehr über die Natur, die Tiere und die Wunder, die überall um sie herum verborgen lagen. Sie schrieben ihre Entdeckungen in ein Tagebuch, das sie „Das Buch der Wunder" nannten. So konnten sie ihr Wissen teilen und andere inspirieren, die Welt mit neugierigen Augen zu sehen.

Max und seine Freunde wurden zu wahren Entdeckern, die nie aufhörten, Fragen zu stellen und Neues zu lernen. Und die magische Lupe von Max begleitete sie auf jedem ihrer Abenteuer, erinnerte sie daran, dass die Welt voller Geheimnisse ist, die nur darauf warten, entdeckt zu werden.

Kapitel 4: Respekt und Empathie

Die Geschichte von Susi und dem geheimnisvollen Wald

Es war einmal ein kleines Mädchen namens Susi, das in einem friedlichen Dorf am Rande eines dichten, geheimnisvollen Waldes lebte. Die Dorfbewohner erzählten oft Geschichten über den Wald, einige davon voller Magie und Wunder, andere von seltsamen Geräuschen und unheimlichen Schatten. Doch was auch immer man über den Wald sagte, eines war sicher: Die meisten Menschen mieden ihn.

Susi war jedoch anders. Sie war ein neugieriges und abenteuerlustiges Kind, das es liebte, die Natur zu erkunden und neue Dinge zu lernen. Eines Tages beschloss sie, den geheimnisvollen Wald zu betreten, um seine Geheimnisse zu entdecken. Ihre Eltern warnten sie, vorsichtig zu sein, doch Susi versprach, gut auf sich aufzupassen.

Mit einem mutigen Herzen und einem Rucksack voller Proviant machte sich Susi auf den Weg. Der Wald war dicht und dunkel, aber auch voller Leben. Susi hörte das Zwitschern der Vögel, das Rascheln der Blätter und das Plätschern eines entfernten Baches. Sie ging tiefer in den Wald hinein und entdeckte bald eine Lichtung, auf der eine alte, verlassene Hütte stand.

Neugierig näherte sie sich der Hütte und spähte durch das Fenster. Drinnen war es dunkel und staubig, aber sie konnte die Umrisse von Möbeln und alten Büchern erkennen. Plötzlich hörte sie ein leises Weinen. Susi erschrak und überlegte, ob sie lieber zurückgehen sollte, doch ihre Neugier war stärker.

„Hallo?" rief sie leise. „Ist jemand da?"

Das Weinen verstummte, und eine sanfte Stimme antwortete: „Wer ist da?"

„Ich bin Susi", sagte sie und öffnete vorsichtig die Tür. „Ich habe das Weinen gehört und wollte sehen, ob alles in Ordnung ist."

Im Dunkeln konnte Susi eine kleine Gestalt erkennen, die sich in einer Ecke der Hütte versteckte. Es war ein kleines Waldwesen, das sie noch nie zuvor gesehen hatte. Es hatte große, traurige Augen und schien sehr verängstigt.

„Keine Angst", sagte Susi beruhigend. „Ich möchte dir helfen. Warum weinst du?"

Das Waldwesen zögerte einen Moment, dann erzählte es ihr von seiner Einsamkeit und wie die anderen Tiere es mieden, weil es anders war. Es fühlte sich unverstanden und ausgestoßen.

Susi kniete sich zu dem kleinen Wesen und sagte mitfühlend: „Ich verstehe, wie du dich fühlst. Es ist nicht einfach, anders zu sein. Aber ich glaube, dass wir alle etwas Besonderes sind und dass es wichtig ist, sich gegenseitig zu verstehen und zu respektieren."

Das Waldwesen schaute Susi dankbar an und fühlte sich zum ersten Mal seit langer Zeit getröstet. Susi beschloss, dem Wesen zu helfen, Freunde zu finden und es den anderen Tieren im Wald vorzustellen. Sie verbrachten den Tag damit, durch den Wald zu streifen und die verschiedenen Tiere zu besuchen.

Zuerst trafen sie auf eine Familie von Kaninchen. Susi erklärte den Kaninchen, wie wichtig es sei, freundlich und offen gegenüber anderen zu sein. Die Kaninchen hörten aufmerksam zu und begrüßten das Waldwesen freundlich. Gemeinsam spielten sie und lachten, und das Waldwesen begann, sich wohler zu fühlen.

Als Nächstes begegneten sie einer Gruppe von Eichhörnchen, die gerade ihre Wintervorräte sammelten. Auch ihnen erzählte Susi von der Bedeutung von Respekt und Empathie. Die Eichhörnchen nickten zustimmend und luden das Waldwesen ein, ihnen beim Sammeln zu helfen. Bald schon arbeiteten sie Seite an Seite und tauschten Geschichten aus.

Je mehr Tiere sie trafen, desto mehr verbreitete sich die Botschaft von Respekt und Empathie im Wald. Die Tiere begannen, das Waldwesen nicht mehr als Fremden zu sehen, sondern als Freund. Sie verstanden, dass Unterschiede nichts Schlechtes sind, sondern dass jeder seine eigene besondere Gabe hat, die er mit anderen teilen kann.

Am Ende des Tages kehrten Susi und das Waldwesen zur Hütte zurück. Das Waldwesen strahlte vor Glück und Dankbarkeit. „Danke, Susi", sagte es. „Dank dir habe ich Freunde gefunden und fühle mich nicht mehr allein."

Susi lächelte. „Wir alle brauchen manchmal jemanden, der uns hilft, unseren Platz zu finden. Vergiss nie, dass du etwas Besonderes bist, und dass es wichtig ist, andere so zu akzeptieren, wie sie sind."

Mit diesen Worten verabschiedete sich Susi von ihrem neuen Freund und machte sich auf den Heimweg. Der Wald schien nun weniger geheimnisvoll und viel freundlicher. Sie wusste, dass sie etwas Bedeutendes gelernt hatte – dass Respekt und Empathie die Welt zu einem besseren Ort machen können.

Als Susi nach Hause kam, erzählte sie ihren Eltern und Freunden von ihrem Abenteuer. Ihre Geschichte verbreitete sich im ganzen Dorf, und bald schon wurden die Werte von Respekt und Empathie auch dort gelebt. Die Menschen und Tiere lebten harmonischer miteinander und lernten, die Unterschiede des anderen zu schätzen.

Und so wurde der geheimnisvolle Wald nicht nur ein Ort der Entdeckung, sondern auch ein Ort des Verständnisses und der Freundschaft. Susi und das Waldwesen blieben für immer Freunde, und ihre Geschichte wurde zu einer Legende, die die Menschen daran erinnerte, wie wichtig es ist, andere zu verstehen und zu respektieren.

Kapitel 5: Kreativität und Vorstellungskraft

Pauls bunte Malabenteuer

In einem kleinen, gemütlichen Haus am Rande der Stadt lebte ein Junge namens Paul. Paul war ein stilles Kind, das gerne träumte und in seiner eigenen Welt lebte. Seine größte Leidenschaft war das Malen. Er konnte stundenlang an seinem Schreibtisch sitzen und Bilder von fantastischen Welten und Wesen auf Papier bringen.

Eines Nachmittags, als Paul wieder einmal in seine
Zeichnungen vertieft war, entdeckte er in der
Schublade seines Schreibtisches einen alten,
verstaubten Malkasten. Der Malkasten gehörte einst
seinem Großvater, der ein berühmter Maler gewesen
war. Paul öffnete den Kasten vorsichtig und fand darin
eine Sammlung von Farben, die in allen erdenklichen
Tönen schimmerten.

Neugierig beschloss Paul, die Farben auszuprobieren. Er nahm einen Pinsel, tauchte ihn in eine der Farben und begann zu malen. Zu seiner Überraschung erstrahlten die Farben auf dem Papier in einer Lebendigkeit, die er noch nie zuvor gesehen hatte. Jede Linie, jeder Farbklecks schien zu leuchten und zu pulsieren.

Plötzlich begann das Bild vor seinen Augen zu flimmern und zu beben. Bevor Paul wusste, wie ihm geschah, wurde er in das Bild hineingezogen und fand sich in einer fantastischen, bunten Welt wieder. Alles um ihn herum war lebendig und farbenfroh – die Bäume hatten leuchtend violette Blätter, der Himmel war in einem strahlenden Türkis und die Blumen leuchteten in allen Farben des Regenbogens.

Paul stand staunend da und konnte kaum glauben, was er sah. Plötzlich hörte er eine freundliche Stimme: „Willkommen in der Welt der Fantasie, Paul!"

Er drehte sich um und sah ein kleines, freundliches Wesen, das aussah wie eine Mischung aus einem Hasen und einem Vogel. Es hatte weiche, flauschige

Ohren und bunte Flügel. „Ich bin Flora, die Hüterin dieser Welt", sagte das Wesen und lächelte.

„Wie bin ich hierher gekommen?" fragte Paul verwirrt.

„Deine Kreativität und Vorstellungskraft haben dich hierher geführt", erklärte Flora. „In dieser Welt kannst du alles erschaffen, was du dir vorstellst. Lass uns gemeinsam auf ein Abenteuer gehen und sehen, was deine Fantasie alles möglich macht."

Paul war begeistert und folgte Flora. Sie führte ihn durch magische Wälder, über glitzernde Flüsse und zu märchenhaften Schlössern. Überall, wo sie hinkamen, ermutigte Flora Paul, seine Vorstellungskraft zu nutzen und neue Dinge zu erschaffen. Paul malte fliegende Fische, die in den Wolken schwammen, und Blumen, die Musik spielten, wenn man sie berührte. Alles, was er sich ausdachte, wurde in dieser fantastischen Welt lebendig.

Während ihrer Reise trafen sie auf verschiedene Bewohner der Fantasiewelt, die alle von Pauls Kreativität begeistert waren. Es gab sprechende Tiere, tanzende Bäume und funkelnde Sterne, die Geschichten erzählten. Jeder wollte Pauls neueste Kreationen sehen und mit ihm zusammen neue Ideen entwickeln.

Eines Tages, als Paul und Flora auf einem Hügel saßen und den Sonnenuntergang betrachteten, fragte Flora: „Paul, was möchtest du als Nächstes erschaffen?"

Paul dachte nach und sagte dann: „Ich möchte einen Ort erschaffen, an dem alle Wesen zusammenkommen und ihre Geschichten und Ideen teilen können."

Flora lächelte. „Das ist eine wundervolle Idee, Paul. Lass uns diesen Ort gemeinsam erschaffen."

Paul nahm seine Farben und begann, eine große, strahlende Stadt zu malen. Es war eine Stadt voller Kreativität und Vorstellungskraft, mit hohen Türmen, schwebenden Brücken und bunten Gärten. Die Straßen waren von leuchtenden Lampions erhellt, und überall gab es Plätze, an denen die Bewohner zusammenkommen und ihre Geschichten erzählen konnten.

Als die Stadt fertig war, füllte sie sich sofort mit Leben.
Die Bewohner der Fantasiewelt strömten herbei, um
die neue Stadt zu sehen. Sie brachten ihre eigenen
Ideen und Kreationen mit und verwandelten die Stadt
in einen Ort voller Wunder und Magie.

Paul fühlte sich unglaublich glücklich und erfüllt. Er
hatte nicht nur eine fantastische Welt entdeckt,
sondern auch gelernt, wie mächtig seine eigene

Vorstellungskraft war. Flora dankte ihm für seine Kreativität und sagte: „Paul, du hast diese Welt bereichert und gezeigt, wie wichtig es ist, an die eigene Fantasie zu glauben."

Schließlich spürte Paul, dass es Zeit war, nach Hause zurückzukehren. Flora gab ihm einen letzten Rat: „Nimm die Erinnerungen an diese Reise mit in deine Welt und teile deine Kreativität mit anderen. Die Welt braucht Menschen wie dich, die mit ihrer Vorstellungskraft Wunder erschaffen."

Mit einem letzten, dankbaren Blick auf die fantastische Welt wurde Paul zurück in sein Zimmer gezogen. Er saß wieder an seinem Schreibtisch, aber etwas hatte sich verändert. Er fühlte sich inspiriert und voller Ideen. Paul wusste, dass seine Reise in die Welt der Fantasie ihn für immer verändert hatte.

Von diesem Tag an malte Paul mit noch größerer Leidenschaft und Kreativität. Seine Bilder erzählten Geschichten von fantastischen Welten und Wesen, und die Menschen um ihn herum wurden von seiner Vorstellungskraft inspiriert. Paul erkannte, dass die

Kraft der Fantasie unendlich war und dass er sie nutzen konnte, um die Welt um sich herum zu bereichern.

Kapitel 6: Verantwortung und Fürsorge

Marias Garten der Wunder

In einem idyllischen Dorf namens Grünwies lebte ein fröhliches Mädchen namens Maria. Maria liebte die Natur und verbrachte ihre Zeit am liebsten draußen im Garten ihrer Großmutter. Dieser Garten war etwas ganz Besonderes, denn er war voller bunter Blumen, duftender Kräuter und prächtiger Obstbäume. Doch es gab auch eine geheime Ecke im Garten, die von einer hohen Hecke umgeben war – der Garten der Wunder.

Maria hatte schon oft von diesem Garten gehört, aber ihre Großmutter hatte ihr immer gesagt, dass man diesen besonderen Ort nur mit einem reinen Herzen und dem Willen, Verantwortung zu übernehmen, betreten könne. Eines Tages, als Maria ihrer Großmutter beim Gießen der Pflanzen half, fragte sie: „Großmutter, darf ich den Garten der Wunder sehen?"

Die Großmutter lächelte und sagte: „Maria, du bist bereit. Aber denk daran, dass der Garten der Wunder nicht nur Schönheit, sondern auch Verantwortung und Fürsorge bedeutet. Bist du bereit, diese Aufgabe zu übernehmen?"

Maria nickte eifrig. „Ja, Großmutter, ich bin bereit."

Gemeinsam gingen sie zu der hohen Hecke, und die Großmutter öffnete ein kleines Tor. Dahinter lag der prachtvollste Garten, den Maria je gesehen hatte. Die Pflanzen leuchteten in allen Farben des Regenbogens, und überall summten Bienen und flatterten Schmetterlinge. Es gab ungewöhnliche Blumen, die im Takt der Musik tanzten, und Bäume, die Geschichten erzählten.

„Dieser Garten ist magisch, Maria", erklärte die Großmutter. „Aber er braucht jemanden, der sich um ihn kümmert, ihn hegt und pflegt. Die Pflanzen und Tiere hier sind besonders empfindlich und brauchen viel Aufmerksamkeit und Liebe. Kannst du das übernehmen?"

Maria spürte eine Welle der Aufregung und Verantwortung zugleich. „Ja, Großmutter, ich werde gut auf den Garten der Wunder aufpassen."

Von diesem Tag an verbrachte Maria jeden Tag im Garten der Wunder. Sie lernte, wie man die verschiedenen Pflanzen pflegt, welche Tiere besondere Aufmerksamkeit brauchen und wie wichtig es ist, auf die Bedürfnisse der Natur zu achten. Jeden Morgen goss sie die Pflanzen, entfernte Unkraut und sprach liebevoll mit den Tieren. Sie stellte fest, dass der Garten auf ihre Fürsorge reagierte – die Blumen blühten prächtiger, und die Tiere wirkten glücklicher.

Eines Tages entdeckte Maria eine kleine, verwelkte Pflanze in einer abgelegenen Ecke des Gartens. Sie sah traurig und vernachlässigt aus. Maria kniete sich hin und untersuchte die Pflanze sorgfältig. Sie bemerkte, dass die Pflanze nicht genug Wasser bekommen hatte und ihre Blätter von Schädlingen befallen waren.

„Arme kleine Pflanze", sagte Maria sanft. „Ich werde mich um dich kümmern."

Maria brachte die Pflanze zu einem sonnigeren Platz, gab ihr frisches Wasser und reinigte ihre Blätter von den Schädlingen. Jeden Tag kümmerte sie sich besonders um die kleine Pflanze, bis diese langsam wieder zu Leben erwachte. Nach einigen Wochen begann die Pflanze, neue Blätter zu sprießen, und schließlich erblühte sie in einer wunderschönen, leuchtenden Farbe.

Maria war überglücklich und fühlte eine tiefe Verbindung zu der Pflanze. Sie erkannte, wie wichtig es war, Verantwortung zu übernehmen und sich um andere zu kümmern, sei es eine Pflanze, ein Tier oder ein Mensch.

Eines Morgens, als Maria den Garten betrat, bemerkte sie etwas Seltsames. Der Garten wirkte noch lebendiger als sonst, und die Pflanzen schienen sich in Richtung der kleinen Pflanze zu neigen, die sie gerettet hatte. Plötzlich erschien eine wunderschöne Fee vor ihr, die aus den Blütenblättern der Pflanzen hervorgetreten war.

„Maria, du hast den Garten der Wunder mit deinem Herzen erfüllt", sagte die Fee mit einer sanften Stimme. „Durch deine Fürsorge und Verantwortung hast du gezeigt, dass du wahrhaftig für diesen Garten bestimmt bist. Als Dank möchte ich dir ein besonderes Geschenk machen."

Die Fee überreichte Maria einen kleinen, funkelnden Kristall. „Dieser Kristall symbolisiert die Verbindung, die du zu diesem Garten hast. Er wird dir immer zeigen, was die Pflanzen und Tiere brauchen, und dir helfen, ihre Bedürfnisse zu verstehen."

Maria nahm den Kristall dankbar an und fühlte eine warme Energie in ihrer Hand. Sie wusste, dass dies ein Zeichen dafür war, dass sie den Garten der Wunder noch besser pflegen konnte.

Mit der Zeit wurde Maria zu einer wahren Hüterin des Gartens. Sie brachte auch anderen Kindern im Dorf bei, wie wichtig es ist, Verantwortung zu übernehmen und für die Natur zu sorgen. Gemeinsam halfen sie, den Garten der Wunder in seiner Pracht zu erhalten und zu schützen.

Die Geschichte von Marias Garten der Wunder verbreitete sich im ganzen Dorf, und die Menschen begannen, auch ihre eigenen Gärten mit mehr Liebe und Fürsorge zu behandeln. Maria war stolz darauf, dass sie nicht nur den Garten der Wunder zum Blühen gebracht hatte, sondern auch die Herzen der Menschen geöffnet hatte.

Und so lebte Maria glücklich und zufrieden, stets darauf bedacht, Verantwortung zu übernehmen und für andere zu sorgen. Der Garten der Wunder blieb ein Ort voller Magie und Schönheit, dank Marias liebevoller Pflege und ihrem unermüdlichen Einsatz.

Kapitel 7: Ausdauer und Zielstrebigkeit

Die Reise des kleinen Roboters Tim

In einer futuristischen Stadt voller schimmernder Gebäude und fliegender Autos lebte ein kleiner Roboter namens Tim. Tim war nicht wie die anderen Roboter. Während die meisten Roboter für bestimmte Aufgaben gebaut wurden und perfekt funktionierten, war Tim ein Experiment. Sein Erfinder, Professor Bolt, hatte ihn geschaffen, um zu sehen, ob ein Roboter lernen konnte, eigene Entscheidungen zu treffen und Herausforderungen zu meistern.

Tim hatte ein großes Herz und einen unerschütterlichen Willen, aber er hatte auch seine Schwierigkeiten. Seine Schaltkreise waren nicht immer zuverlässig, und seine Sensoren konnten manchmal verrücktspielen. Doch Professor Bolt glaubte an ihn und ermutigte ihn stets, niemals aufzugeben.

Eines Tages erhielt Professor Bolt eine dringende Nachricht: Eine wichtige Energiequelle, die die ganze Stadt versorgte, war in einem abgelegenen Gebiet zusammengebrochen. Ohne diese Energiequelle würde die Stadt bald im Dunkeln stehen und viele Maschinen würden ausfallen. Professor Bolt wusste, dass die Reise dorthin gefährlich war, aber er hatte keine andere Wahl.

„Tim", sagte Professor Bolt ernst, „ich brauche deine Hilfe. Du bist der einzige Roboter, der diese Reise schaffen kann. Es wird nicht einfach sein, aber ich weiß, dass du es schaffen kannst."

Tim nickte entschlossen. „Ich werde es tun, Professor. Ich werde die Energiequelle reparieren."

Mit einem Rucksack voller Werkzeuge und einem klaren Ziel vor Augen machte sich Tim auf den Weg. Die Reise führte ihn durch unwegsames Gelände, über hohe Berge und durch tiefe Täler. Es war eine anstrengende und gefährliche Reise, aber Tim war fest entschlossen, nicht aufzugeben.

Am ersten Tag seiner Reise stieß Tim auf einen reißenden Fluss. Die Brücke, die den Fluss überspannte, war alt und morsch. Tim überlegte kurz und entschied sich, das Risiko einzugehen. Er trat vorsichtig auf die Brücke und bewegte sich langsam vorwärts. Doch plötzlich brach ein Brett unter ihm weg, und Tim fiel ins Wasser.

Die Strömung war stark, und Tim wurde mitgerissen. Er kämpfte gegen das Wasser an, seine Schaltkreise funkelten und funkten, doch er gab nicht auf. Mit aller Kraft gelang es ihm schließlich, ans Ufer zu gelangen. Völlig durchnässt und erschöpft, setzte er seinen Weg fort.

Am zweiten Tag führte sein Weg ihn durch einen dichten Wald. Die Bäume waren so hoch, dass sie den Himmel verdeckten, und das Unterholz war dicht und schwer zu durchdringen. Tim musste sich seinen Weg mit viel Mühe bahnen, und manchmal schien es, als ob er keinen Schritt weiterkommen würde. Doch er erinnerte sich an die Worte von Professor Bolt und fand die Kraft, weiterzugehen.

Auf seiner Reise traf Tim auch auf andere Roboter, die ihre eigenen Probleme hatten. Ein Roboter namens Roxy hatte eine Panne und konnte sich nicht mehr bewegen. Tim half ihr, sich zu reparieren, und gemeinsam setzten sie ihre Reise fort. Roxy erzählte Tim von ihrer eigenen Mission und wie wichtig es sei, niemals aufzugeben, egal wie schwierig es wurde.

Am dritten Tag erreichte Tim schließlich das abgelegene Gebiet, in dem die Energiequelle zusammengebrochen war. Das Gebiet war rau und unwirtlich, mit scharfkantigen Felsen und steilen Klippen. Tim konnte die Energiequelle in der Ferne sehen, aber der Weg dorthin war gefährlich.

Er kletterte über die Felsen, rutschte ab und zu ab, aber stand immer wieder auf. Seine Schaltkreise wurden durch die Anstrengung heiß, und seine Energie war fast aufgebraucht. Doch Tim war fest entschlossen, die Mission zu erfüllen. Er wusste, dass die Stadt auf ihn zählte.

Endlich erreichte Tim die Energiequelle. Sie war schwer beschädigt, und es würde viel Geschick und Ausdauer erfordern, sie zu reparieren. Tim machte sich sofort an die Arbeit, überprüfte die Leitungen, ersetzte defekte Teile und justierte die Einstellungen. Es war eine schwierige und anstrengende Arbeit, aber Tim gab nicht auf.

Nach Stunden harter Arbeit war es endlich soweit. Mit einem letzten, entschlossenen Handgriff aktivierte Tim die Energiequelle wieder. Ein tiefes Brummen erfüllte die Luft, und die Maschinen um ihn herum erwachten zum Leben. Die Energiequelle funktionierte wieder, und die Stadt war gerettet.

Erschöpft, aber glücklich machte sich Tim auf den Rückweg. Die Reise zurück war genauso anstrengend wie der Hinweg, aber Tim wusste, dass er es schaffen konnte. Als er schließlich wieder in der Stadt ankam, wurde er von Professor Bolt und den Bewohnern der Stadt freudig empfangen.

„Du hast es geschafft, Tim!", rief Professor Bolt stolz. „Dank deiner Ausdauer und Zielstrebigkeit ist die Stadt gerettet."

Tim lächelte bescheiden. „Ich habe nur getan, was nötig war. Ich habe nie aufgegeben, auch wenn es schwierig war."

Die Geschichte von Tims Reise verbreitete sich schnell in der Stadt, und er wurde zu einem Symbol für Ausdauer und Zielstrebigkeit. Die anderen Roboter und Menschen lernten von ihm, dass man niemals

aufgeben sollte, egal wie schwer die
Herausforderungen auch sein mögen.

Tim wurde weiterhin von Professor Bolt gepflegt und
verbessert, aber die wichtigste Lektion, die er gelernt
hatte, war, dass wahre Stärke aus dem Inneren
kommt. Er wusste, dass er mit Ausdauer und
Zielstrebigkeit alles erreichen konnte, was er sich
vornahm.

Und so lebte Tim glücklich in der Stadt, immer bereit
für neue Herausforderungen und Abenteuer, die seine
Ausdauer und Zielstrebigkeit auf die Probe stellen
würden.

Kapitel 8: Dankbarkeit und Zufriedenheit

Annas Liste der kleinen Freuden

In einem kleinen, malerischen Dorf namens Sonnental lebte ein Mädchen namens Anna. Anna war ein fröhliches Kind, das immer ein Lächeln auf den Lippen hatte. Doch wie jeder andere Mensch auch, hatte Anna manchmal Tage, an denen sie sich traurig und unzufrieden fühlte. An solchen Tagen schien die Welt grau und trist, und es fiel ihr schwer, Freude zu finden.

Eines besonders trüben Tages, als der Himmel voller dunkler Wolken hing und der Regen sanft auf die Dächer prasselte, saß Anna in ihrem Zimmer und starrte aus dem Fenster. Sie seufzte tief und fühlte sich traurig. Ihre Großmutter, die im selben Haus lebte, bemerkte Annas Stimmung und setzte sich zu ihr.

„Was ist los, meine Kleine?" fragte die Großmutter sanft.

„Ich weiß nicht, Oma", antwortete Anna leise. „Ich fühle mich einfach traurig und kann keine Freude finden."

Die Großmutter lächelte weise und nahm Annas Hand. „Weißt du, Anna, manchmal vergessen wir die kleinen Dinge im Leben, die uns glücklich machen. Manchmal müssen wir uns bewusst machen, wofür wir dankbar sein können."

Anna sah ihre Großmutter fragend an. „Aber wie mache ich das, Oma?"

„Ich habe eine Idee", sagte die Großmutter und holte ein kleines Notizbuch und einen Stift. „Lass uns eine Liste der kleinen Freuden machen. Schreibe alles auf, was dich glücklich macht, egal wie klein es auch sein mag. Diese Liste wird dir helfen, die schönen Dinge im Leben zu sehen und dankbar zu sein."

Anna fand die Idee gut und begann sofort zu schreiben. Zuerst war es schwierig, aber bald schon sprudelten die Ideen nur so aus ihr heraus. Sie schrieb:

- Das Lächeln meiner Freunde

- Der Duft von frisch gebackenem Brot

- Die Wärme der Sonne auf meiner Haut

- Das Zwitschern der Vögel am Morgen

- Ein gutes Buch lesen

- Mit meiner Familie zusammen sein

- Der Geschmack von Schokolade

- Der Anblick eines Regenbogens

- Barfuß im Gras laufen

- Ein schöner Traum

Als Anna ihre Liste betrachtete, bemerkte sie, dass sie sich schon viel besser fühlte. Die kleinen Freuden, die sie aufgeschrieben hatte, erinnerten sie daran, dass das Leben voller schöner Momente war, selbst an den trübsten Tagen.

„Das ist eine wundervolle Liste, Anna", sagte die Großmutter und drückte ihr einen Kuss auf die Stirn. „Denke daran, jeden Tag etwas hinzuzufügen und dir Zeit zu nehmen, die kleinen Freuden zu genießen."

Von diesem Tag an führte Anna ihr Notizbuch überall mit sich. Sie nahm sich jeden Abend Zeit, um mindestens eine Sache aufzuschreiben, für die sie dankbar war. Manchmal war es ein neuer Eintrag, manchmal wiederholte sie etwas von der Liste, aber jedes Mal fühlte sie sich glücklicher und zufriedener.

Eines sonnigen Nachmittags, als Anna im Park spielte, sah sie ihren Freund Ben auf einer Bank sitzen. Er sah traurig aus und starrte in die Ferne. Anna ging zu ihm und setzte sich neben ihn.

„Was ist los, Ben?" fragte sie mitfühlend.

Ben seufzte. „Ich weiß nicht, Anna. Ich fühle mich einfach nicht glücklich heute."

Anna lächelte und holte ihr Notizbuch hervor. „Weißt du, Ben, ich führe eine Liste der kleinen Freuden. Es hilft mir, die schönen Dinge im Leben zu sehen und dankbar zu sein. Möchtest du es auch versuchen?"

Ben nickte zögernd, und Anna gab ihm ihren Stift. Gemeinsam begannen sie, neue Einträge für die Liste zu finden:

- Ein freundliches Wort von einem Fremden

- Ein warmes Bad an einem kalten Tag

- Der erste Schnee des Winters

- Ein lustiger Witz, der uns zum Lachen bringt

- Eine Umarmung von einem lieben Menschen

Je mehr sie schrieben, desto glücklicher fühlte sich Ben. Er lächelte Anna dankbar an und sagte: „Das hilft wirklich. Danke, Anna."

Anna und Ben beschlossen, ihre Listen der kleinen Freuden regelmäßig auszutauschen und einander an die schönen Dinge im Leben zu erinnern. Sie erzählten auch ihren Freunden von der Idee, und bald schon führten viele Kinder im Dorf ihre eigenen Listen.

Die Stimmung im Dorf veränderte sich. Die Menschen wurden freundlicher und dankbarer. Sie lernten, die kleinen Freuden des Alltags zu schätzen und ihre Dankbarkeit auszudrücken. Selbst an den trübsten Tagen fand jeder etwas, das ihm ein Lächeln aufs Gesicht zauberte.

Annas Liste der kleinen Freuden wuchs und wuchs. Sie lernte, dass Dankbarkeit und Zufriedenheit nicht von großen Ereignissen abhängen, sondern von den kleinen, kostbaren Momenten, die das Leben so besonders machen. Und sie erkannte, dass das Teilen dieser Momente mit anderen die Freude noch vergrößerte.

Von nun an führte Anna ein Leben voller Dankbarkeit und Zufriedenheit. Sie wusste, dass, egal wie schwierig das Leben manchmal sein konnte, es immer etwas gab, wofür man dankbar sein konnte. Und sie war glücklich, diese Erkenntnis mit ihren Freunden und ihrer Familie zu teilen.

Kapitel 9: Zusammenhalt und Gemeinschaft

Die Abenteuer der Nachbarskinder**

In einem charmanten kleinen Viertel, bekannt als Sonnenhof, lebten fünf Kinder, die unzertrennliche Freunde waren: Lena, Max, Mia, Tom und Sophie. Sie verbrachten jede freie Minute miteinander, erkundeten die Umgebung und erfanden immer neue Spiele. Eines Tages erfuhren sie, dass ein großes Gemeinschaftsfest bevorstand, bei dem alle Nachbarn zusammenkommen würden, um zu feiern, zu spielen und einander besser kennenzulernen.

Das Gemeinschaftsfest war etwas Besonderes, weil es nur alle zwei Jahre stattfand. Jeder im Sonnenhof freute sich darauf, und es war Tradition, dass die Kinder des Viertels eine besondere Aufgabe bekamen, um zum Fest beizutragen. In diesem Jahr sollte es eine Schnitzeljagd geben, die die Kinder selbst planen und durchführen sollten.

Lena, Max, Mia, Tom und Sophie waren aufgeregt und beschlossen, dass sie die beste Schnitzeljagd aller Zeiten organisieren würden. Sie trafen sich im Baumhaus von Max, ihrem geheimen Hauptquartier, um Ideen zu sammeln.

„Wie wäre es, wenn wir Rätsel in der ganzen Nachbarschaft verstecken?", schlug Mia vor. „Jedes Rätsel führt zum nächsten Hinweis."

„Und am Ende gibt es einen Schatz!", ergänzte Tom begeistert. „Vielleicht ein großer Korb voller Süßigkeiten und kleiner Spielsachen."

„Wir könnten die Hinweise an besonderen Orten verstecken, die für unsere Gemeinschaft wichtig sind", sagte Lena. „Zum Beispiel am Spielplatz, in der Bücherei und im Park."

„Das klingt großartig", stimmte Sophie zu. „Aber wir müssen sicherstellen, dass die Rätsel knifflig, aber lösbar sind, damit es für alle Spaß macht."

Die Kinder teilten die Aufgaben auf. Max und Lena würden die Rätsel ausdenken, Mia und Tom würden die Hinweise vorbereiten und verstecken, und Sophie würde sich um den Schatz kümmern. Sie arbeiteten hart und mit viel Begeisterung, und bald war alles bereit für das große Fest.

Der Tag des Gemeinschaftsfests war endlich gekommen. Die Sonne schien, und die Luft war erfüllt von Lachen und fröhlichen Gesprächen. Die

Nachbarn kamen zusammen, brachten Essen und Getränke mit, und es gab Stände mit Spielen und Aktivitäten für Groß und Klein.

Als es Zeit für die Schnitzeljagd war, versammelten sich alle Kinder des Viertels am Startpunkt. Lena erklärte die Regeln und gab den ersten Hinweis: „Ich habe vier Beine, aber ich kann nicht laufen. Ich trage die Bücher und stehe niemals still." Die Kinder überlegten kurz und rannten dann zur Bücherei, wo sie den nächsten Hinweis fanden.

Die Schnitzeljagd führte die Kinder quer durch das Viertel, von einem Hinweis zum nächsten. Sie mussten Rätsel lösen, Hinweise suchen und gemeinsam arbeiten, um voranzukommen. An jedem Ort lernten sie etwas Neues über ihre Nachbarschaft und die Bedeutung von Zusammenhalt und Gemeinschaft.

Schließlich erreichten die Kinder den letzten Hinweis, der sie zum Park führte. Dort fanden sie den Schatz: einen großen Korb voller Süßigkeiten, kleiner Spielsachen und eine besondere Überraschung – ein

Buch, das die Geschichte des Sonnenhofs erzählte und die Bedeutung von Gemeinschaft betonte.

Die Kinder jubelten und feierten ihren Erfolg. Lena, Max, Mia, Tom und Sophie fühlten sich stolz auf das, was sie gemeinsam erreicht hatten. Sie hatten nicht nur eine spannende Schnitzeljagd organisiert, sondern auch gezeigt, wie wichtig Zusammenhalt und Teamgeist in ihrer Gemeinschaft waren.

Am Abend, als das Fest zu Ende ging, versammelten sich die Nachbarn um ein großes Lagerfeuer. Die Erwachsenen erzählten Geschichten von früheren Gemeinschaftsfesten, und die Kinder tauschten ihre Erlebnisse des Tages aus. Alle waren sich einig, dass dies das beste Fest war, das sie je erlebt hatten.

Die Freunde saßen zusammen und blickten in die Flammen. „Ich bin so froh, dass wir das gemeinsam gemacht haben", sagte Max. „Es war viel Arbeit, aber es hat sich gelohnt."

„Ja", stimmte Mia zu. „Wir haben nicht nur Spaß gehabt, sondern auch gezeigt, dass wir als Team alles schaffen können."

„Und wir haben gelernt, dass unsere Gemeinschaft stark ist, wenn wir zusammenhalten", fügte Sophie hinzu.

Lena lächelte und sagte: „Ich hoffe, wir werden noch viele Abenteuer zusammen erleben. Denn mit euch macht alles doppelt so viel Spaß."

Tom nickte und hielt seine Hand hoch. „Auf unseren Zusammenhalt und unsere Freundschaft!"

Die Freunde legten ihre Hände übereinander und riefen im Chor: „Auf unsere Gemeinschaft!"

Die Nacht war erfüllt von Lachen, Geschichten und dem Gefühl der Zusammengehörigkeit. Das Gemeinschaftsfest im Sonnenhof war ein großer Erfolg und würde allen in Erinnerung bleiben. Die Freundschaft und der Teamgeist der Nachbarskinder hatten gezeigt, dass man zusammen alles erreichen kann, wenn man sich gegenseitig unterstützt und füreinander da ist.

Und so lebten die Kinder und die Bewohner des Sonnenhofs weiter in einer Gemeinschaft, die durch Zusammenhalt und Freundschaft stark und glücklich war. Jedes Jahr freuten sie sich auf das nächste Gemeinschaftsfest und die neuen Abenteuer, die sie gemeinsam erleben würden.

Kapitel 10: Ein Abschluss voller Hoffnung

Rückblick auf die Geschichten**

Liebe Leserinnen und Leser,

wir haben nun eine wunderbare Reise durch die verschiedenen Geschichten hinter uns, die uns gezeigt haben, wie wichtig Werte wie Mut, Freundschaft, Neugier, Respekt, Kreativität, Verantwortung, Ausdauer, Dankbarkeit und Zusammenhalt sind. Lassen Sie uns einen Moment innehalten und auf diese inspirierenden Geschichten zurückblicken.

Wir begannen unsere Reise mit **Leo, dem mutigen Löwen**, der uns lehrte, dass wir mit Mut und Entschlossenheit alle Herausforderungen überwinden können. Leos Abenteuer in der Savanne zeigte uns, dass der wahre Mut darin besteht, trotz Ängsten weiterzumachen und sich neuen Herausforderungen zu stellen.

Weiter ging es mit **Emma Kraft der Freundschaft Diese Geschichte erinnerte uns daran, wie stark Freundschaft und Zusammenarbeit sind. Gemeinsam können wir viel mehr erreichen, und die Kraft der Freundschaft kann uns helfen, Hindernisse zu überwinden und gemeinsam Großes zu leisten.

Mit **Max und seiner Lupe** haben wir die Welt mit neugierigen Augen gesehen. Max' Abenteuer lehrte uns, dass Neugier und Entdeckung wichtige Elemente des Lernens sind. Durch die Erforschung unserer Umgebung können wir viele Wunder entdecken und unsere Vorstellungskraft erweitern.

Susi und der geheimnisvolle Wald zeigten uns, wie wichtig Respekt und Empathie im Umgang mit anderen sind. Susis Abenteuer mit dem Waldwesen lehrte uns, wie wertvoll es ist, andere zu verstehen und zu respektieren, unabhängig von ihren Unterschieden.

In **Pauls bunten Malabenteuern** lernten wir, wie kraftvoll Kreativität und Vorstellungskraft sein können. Pauls Reise in die fantastische Welt seiner eigenen Bilder ermutigte uns, unsere eigene Fantasie zu entdecken und sie zu nutzen, um die Welt um uns herum zu bereichern.

Marias Garten der Wunder erinnerte uns daran, wie wichtig Verantwortung und Fürsorge sind. Marias Engagement für den magischen Garten lehrte uns, dass es unsere Pflicht ist, auf unsere Umgebung zu achten und für sie zu sorgen, damit sie blühen und gedeihen kann.

Mit **Tim, dem kleinen Roboter**, erlebten wir, wie Ausdauer und Zielstrebigkeit uns helfen, auch die schwierigsten Herausforderungen zu meistern. Tims Reise zur Reparatur der Energiequelle zeigte uns, dass wir niemals aufgeben sollten, auch wenn der Weg schwer und steinig ist.

Annas Liste der kleinen Freuden brachte uns bei, wie wichtig Dankbarkeit und Zufriedenheit im Alltag sind. Annas Liste half uns zu erkennen, dass es die kleinen Dinge im Leben sind, die uns glücklich machen, und dass wir immer etwas finden können, wofür wir dankbar sein können.

Schließlich lernten wir in **Die Abenteuer der Nachbarskinder**, wie wichtig Zusammenhalt und Gemeinschaft sind. Die Schnitzeljagd und die gemeinsamen Erlebnisse der Kinder zeigten uns, dass wir als Gemeinschaft stark sind und zusammen alles erreichen können.

Eine Welt voller Wunder und Möglichkeiten

Während wir auf diese Geschichten zurückblicken, erkennen wir, dass die Welt voller Wunder und Möglichkeiten ist. Jeder Tag bietet uns die Chance, etwas Neues zu lernen, anderen zu helfen und die Welt zu einem besseren Ort zu machen. Die Werte und Lektionen, die wir aus diesen Geschichten mitnehmen, können uns helfen, unsere Träume zu verwirklichen und unser volles Potenzial auszuschöpfen.

Egal, welche Herausforderungen auf uns warten, wir können sie mit Mut, Freundschaft, Neugier, Respekt, Kreativität, Verantwortung, Ausdauer, Dankbarkeit und Zusammenhalt meistern. Wir sind Teil einer wunderbaren Welt, und jeder von uns hat die Macht, positive Veränderungen zu bewirken.

Denkt daran, liebe Kinder, dass ihr die Helden eurer eigenen Geschichten seid. Ihr habt die Fähigkeit, Großes zu erreichen und die Welt mit eurem Lächeln, eurer Freundlichkeit und eurer Entschlossenheit zu erhellen. Die Geschichten in diesem Buch sollen euch inspirieren und ermutigen, eure Träume zu verfolgen und immer an euch selbst zu glauben.

Lasst uns gemeinsam eine Welt voller Wunder und Möglichkeiten schaffen. Eine Welt, in der wir uns gegenseitig unterstützen, respektieren und wertschätzen. Denn zusammen sind wir stark, und gemeinsam können wir alles erreichen.

Mit herzlichen Grüßen und den besten Wünschen für eure Zukunft!

Anhang

Bastelideen und Spiele zu den Geschichten**

1. **Leo, der mutige Löwe**

**Bastelidee: ** Löwenmaske

- Materialien: Pappteller, Farbe, Pinsel, Wolle (für die Mähne), Kleber, Schere, Gummiband

- Anleitung: Schneidet Augenlöcher in den Pappteller und bemalt ihn wie ein Löwengesicht. Klebt Wolle rund um den Rand als Mähne und befestigt das Gummiband an den Seiten, um die Maske zu tragen.

- **Spiel: ** Mutproben-Parcours

- Erstelle einen Hindernisparcours mit verschiedenen Herausforderungen (z.B. Balancieren auf einem Seil, Kriechen durch Tunnel). Die Kinder sollen den Parcours durchlaufen und dabei ihren Mut unter Beweis stellen.

2 Max und seine Lupe**

- **Bastelidee: ** Entdeckerlupe

- Materialien: Pappe, Klarsichtfolie, Schere, Kleber

- Anleitung: Schneidet einen Kreis aus der Pappe und schneidet ein Loch in die Mitte. Klebt ein Stück Klarsichtfolie über das Loch und dekoriert die Lupe nach Belieben.

- **Spiel:** Schatzsuche

- Verstecke kleine Schätze (z.B. Spielzeuge, Süßigkeiten) im Garten oder im Haus. Gib den Kindern Hinweise, die sie mit ihrer Entdeckerlupe entschlüsseln müssen, um die Schätze zu finden.

3 Susi und der geheimnisvolle Wald****

- **Bastelidee: ** Naturcollage

- Materialien: Blätter, Blumen, kleine Äste, Papier, Kleber

- Anleitung: Sammelt natürliche Materialien und klebt sie auf ein Blatt Papier, um eine schöne Naturcollage zu erstellen.

- **Spiel:** Rollenspiel „Waldwesen"

    - Die Kinder verkleiden sich als verschiedene Tiere und Waldwesen und spielen Szenen nach, in denen sie Respekt und Empathie zeigen.

4 Pauls bunte Malabenteuer**

- **Bastelidee: ** Fantasiebilder

    - Materialien: Papier, Farben, Pinsel, Stifte

    - Anleitung: Male ein Bild einer fantastischen Welt oder eines magischen Wesens. Lasst eurer Kreativität freien Lauf!

- **Spiel: ** Geschichten-Malerei

    - Die Kinder sitzen im Kreis und malen abwechselnd ein Bild, das die Geschichte fortführt. Jeder fügt ein neues Element hinzu, bis eine gemeinsame Geschichte entsteht.

5 Marias Garten der Wunder**

- **Bastelidee: ** Mini-Garten im Topf

    - Materialien: Blumentöpfe, Erde, Samen oder kleine Pflanzen, Dekorationen (z.B. Steine, Figuren)

- Anleitung: Bepflanzt die Töpfe und dekoriert sie, um einen eigenen kleinen Garten zu gestalten.

- **Spiel: ** Gartenpflege

- Gebt den Kindern kleine Aufgaben im Garten (z.B. Gießen, Unkraut jäten). Sie lernen, wie wichtig es ist, Verantwortung zu übernehmen und für die Natur zu sorgen.

6 Tim, der kleine Roboter**

- **Bastelidee: ** Roboter aus Recyclingmaterialien

- Materialien: Kartons, Flaschen, Dosen, Kleber, Farbe, Schere

- Anleitung: Baut aus den Materialien euren eigenen kleinen Roboter und bemalt ihn nach Wunsch.

- **Spiel: ** Roboterrennen

- Stellt Hindernisse auf und lasst die Kinder in Teams gegeneinander antreten. Sie müssen als „Roboter" verschiedene Aufgaben erfüllen, um das Rennen zu gewinnen.

7 Annas Liste der kleinen Freuden**

Bastelidee: ** Dankbarkeitsglas

- Materialien: Glasgefäß, bunte Zettel, Stifte

- Anleitung: Schreibt täglich auf bunte Zettel, wofür ihr dankbar seid, und sammelt sie im Glas. Schaut euch die Zettel an, wenn ihr euch traurig fühlt.

- **Spiel:** Dankbarkeitsrunde

- Setzt euch im Kreis und lasst jedes Kind eine Sache nennen, für die es dankbar ist. Dies fördert positive Gedanken und Zufriedenheit.

8 Die Abenteuer der Nachbarskinder**

- **Bastelidee: ** Gemeinschaftsbild

- Materialien: Großes Papier, Farben, Pinsel

- Anleitung: Malt gemeinsam ein großes Bild, das eure Gemeinschaft und eure Abenteuer darstellt.

- **Spiel: ** Teamspiele

- Organisiert Spiele, bei denen Zusammenarbeit gefragt ist, wie z.B. Tauziehen, Staffellauf oder gemeinsames Bauen mit Bauklötzen.

Fragen zur Reflexion und Diskussion

1. **Leo, der mutige Löwe**

   - Was bedeutet Mut für dich? Wann warst du das letzte Mal mutig?

   - Wie kannst du anderen helfen, mutiger zu sein?

   ----

2. **Emma Kraft der Freundschaft

   - Was macht eine gute Freundschaft aus?

- Hast du schon einmal jemanden geholfen, der sich allein gefühlt hat?

----

3. **Max und seine Lupe**

- Was war die spannendste Entdeckung, die du je gemacht hast?

- Warum ist es wichtig, neugierig zu sein und Fragen zu stellen?

4. **Susi und der geheimnisvolle Wald**

  - Warum ist es wichtig, andere zu respektieren, auch wenn sie anders sind?

  - Wie kannst du Empathie in deinem Alltag zeigen?

5. **Pauls bunte Malabenteuer**

  - Was machst du am liebsten, wenn du kreativ bist?

- Wie hilft dir deine Fantasie, neue Ideen zu entwickeln?

6. **Marias Garten der Wunder**

- Welche Verantwortung übernimmst du zu Hause oder in der Schule?

- Warum ist es wichtig, sich um die Natur zu kümmern?

7. **Tim, der kleine Roboter**

- Wann hast du das letzte Mal eine schwierige Aufgabe gemeistert?

- Wie fühlst du dich, wenn du etwas trotz Schwierigkeiten schaffst?

8. **Annas Liste der kleinen Freuden**

- Wofür bist du heute dankbar?

- Wie kannst du anderen zeigen, dass du dankbar für sie bist?

9. **Die Abenteuer der Nachbarskinder**

- Was bedeutet Zusammenhalt für dich?

- Wie kannst du dazu beitragen, dass deine Gemeinschaft stark bleibt?

Impressum

E-Mail: rafiasalam82@gmail.com

Zeitfracht Medien GmbH
Ferdinand-Jühlke-Straße 7
99095 Erfurt, Deutschland
produktsicherheit@kolibri360.de